Raspberry Pi: Scopri Tutti i Segreti per lo Sviluppo e Programmazione del Micro Computer per Maker e Hobbisti. Contiene Esempi di Codice ed Esercizi Pratici

Oscar R. Frost

Published by Oscar R. Frost, 2023.

While every precaution has been taken in the preparation of this book, the publisher assumes no responsibility for errors or omissions, or for damages resulting from the use of the information contained herein.

RASPBERRY PI: SCOPRI TUTTI I SEGRETI PER LO SVILUPPO E PROGRAMMAZIONE DEL MICRO COMPUTER PER MAKER E HOBBISTI. CONTIENE ESEMPI DI CODICE ED ESERCIZI PRATICI

First edition. June 30, 2023.

ISBN: 979-8223505037

Written by Oscar R. Frost.

Also by Oscar R. Frost

Raspberry Pi: Scopri Tutti i Segreti per lo Sviluppo e Programmazione del Micro Computer per Maker e Hobbisti. Contiene Esempi di Codice ed Esercizi Pratici

Sommario

Premessa

Negli ultimi anni, l'educazione informatica si è concentrata principalmente sulle competenze d'ufficio e non molto sulla comprensione di come funzionano i computer o su come utilizzarli per creare nuovi programmi e invenzioni. Il Raspberry Pi ristabilisce questo equilibrio infatti può essere utilizzato per giochi, musica, foto ritocco ed elaborazione testi, come qualsiasi computer. Ma può fare molto di più, fornendo un punto di accesso per la programmazione, l'elettronica e il misterioso mondo di Linux, il rivale tecnicamente potente (e gratuito) di Windows e Mac OS.

Sebbene il Raspberry Pi presenti nuove opportunità per tutti, può anche essere scoraggiante perché si presenta come un semplice circuito stampato, quindi per farci qualsiasi cosa, dovrai aggiungere un sistema operativo su una scheda SD e collegarlo a uno schermo, un mouse e una tastiera. Per iniziare, devi imparare alcune nozioni di base di Linux, o almeno familiarizzare con LXDE, il desktop grafico. Potresti essere un nerd a cui piace imparare le nuove tecnologie o potresti essere qualcuno che vuole un nuovo computer di famiglia da usare con i bambini. In entrambi i casi, questo Ebook ti aiuta a muovere i primi passi con il tuo Raspberry Pi e ti insegna alcune delle tante cose divertenti e stimolanti che puoi fare con esso.

Questo Ebook ti consente di conoscere il tuo Raspberry Pi e ti introduce anche ad alcune delle grandi cose che puoi fare con esso, attraverso progetti pratici interessanti. Il Raspberry Pi è molto probabilmente un po' diverso rispetto agli altri computer che hai usato, quindi questo Ebook ti aiuta a fare alcune delle cose sul tuo Pi che ti aspetti da ogni computer, come navigare in Internet e modificare documenti. Puoi imparare molto attraverso i tentativi e gli errori, ovviamente, ma questo può essere un modo frustrante per passare il tuo tempo. Usando questo Ebook come riferimento, puoi iniziare a utilizzare più rapidamente il tuo Raspberry Pi, qualunque cosa tu preveda di farne.

In realtà, diamo per scontato che tu abbia familiarità con altri computer, come computer Windows o Apple. In modo particolare, presumiamo che tu abbia familiarità con l'utilizzo di finestre, icone, tastiera e mouse e che tu conosca le basi dell'uso del computer. Ti annuncio che potresti aver bisogno di accedere a un altro computer, ad esempio per creare la tua scheda SD per il Pi. Il Raspberry Pi è un PC basato su Linux ma non è richiesta alcuna conoscenza preliminare di Linux. Andiamo a scoprire il mondo di possibilità che il Raspberry Pi può offrirti!

CAPITOLO 1
Perché Raspberry Pi?

Il Raspberry Pi è forse il computer più stimolante oggi disponibile sul mercato. Sebbene la maggior parte dei dispositivi informatici che utilizziamo (inclusi telefoni, tablet e console di gioco) siano progettati per impedirci di "smanettare" con loro, il Raspberry Pi è esattamente l'opposto. Dal momento in cui vedi il suo circuito stampato di colore verde brillante, ti invita a usarlo, giocarci e creare qualcosa con esso. Viene fornito con gli strumenti necessari per iniziare a creare il proprio software (o programmazione) e si possono collegare a esso le proprie invenzioni elettroniche. È anche abbastanza economico quindi se lo rompi, non andrai in bancarotta e soprattutto puoi sperimentare in tutta sicurezza.

Molte persone sono entusiaste del suo potenziale e stanno scoprendo nuovi modi entusiasmanti per usarlo. Dave Akerman e i suoi amici, ad esempio, ne hanno attaccato uno a un pallone meteorologico e l'hanno inviato a quasi 40 chilometri sopra la terra per scattare foto della terra dallo spazio vicino usando una webcam. Il professor Simon Cox e il suo team dell'Università di Southampton hanno collegato 64 Raspberry Pi per costruire un super computer sperimentale, tenuto insieme con mattoncini Lego. In questo super computer i Raspberry Pi lavorano insieme per risolvere un singolo problema. Il progetto è stato in grado di ridurre il costo di un super computer da milioni di dollari a migliaia o addirittura centinaia di dollari, rendendo il super computer molto più accessibile a scuole e studenti. Sebbene quei progetti stiano conquistando i titoli dei giornali, un'altra storia è meno visibile ma più importante: migliaia di persone di tutte le età stanno muovendo i primi passi nell'informatica grazie al Raspberry Pi.

Raspberry Pi è stato rilasciato nel febbraio 2012 e ha venduto mezzo milione di unità entro la fine del trimestre. All'inizio del 2013 ha raggiunto il traguardo di un milione di vendite e da allora le vendite sono aumentate a dismisura, modello dopo modello.

Se hai già un Raspberry Pi, vedrai che è un circuito stampato, delle dimensioni di una carta di credito, con componenti e prese. In un'epoca in cui la maggior parte dei dispositivi informatici sono scatole lucide e ben rifinite, il Pi con quei minuscoli codici stampati in bianco dappertutto, sembra un alieno. Tuttavia, è una parte importante del suo fascino: la maggior parte delle custodie che puoi acquistare per il Raspberry Pi sono trasparenti proprio perché le persone ne adorano l'aspetto.

Il Raspberry Pi è un computer completo e con esso puoi fare quasi tutto ciò che puoi fare con un computer desktop. Quando lo accendi, puoi usare un prompt di testo così come puoi usare un desktop grafico con finestre per avviare e gestire i programmi. È possibile utilizzarlo per navigare in Internet, elaborare testi e fogli di calcolo o per modificare le foto. È possibile utilizzarlo per riprodurre musica, video o per giocare. È anche possibile utilizzare il software integrato per creare un sito Web, insomma, è lo strumento perfetto per i compiti ma è anche un utile computer per scrivere lettere, gestire degli account e pagare le bollette online.

Il Raspberry Pi offre la sua parte migliore, tuttavia, quando viene utilizzato per imparare come funzionano i computer infatti puoi creare i tuoi programmi o progetti elettronici e utilizzarli. Viene fornito con Scratch, che consente a persone di tutte le età di creare le proprie animazioni e giochi, apprendendo alcuni dei concetti fondamentali della programmazione per computer lungo il percorso. Inoltre, viene fornito con Python che è un linguaggio di programmazione professionale utilizzato da YouTube, Google e altre importanti aziende.

Ha una porta GPIO (General Purpose Input / Output) che puoi utilizzare per collegare i tuoi circuiti al Raspberry Pi, in modo da poter utilizzare il tuo Raspberry Pi per controllare altri dispositivi ovvero per ricevere e interpretare i segnali da essi.

Per qualcosa che costa così poco (parliamo di circa 50€), il Raspberry Pi è incredibilmente potente, ma ha alcune limitazioni. Anche se probabilmente lo usi come computer desktop, la sua potenza è più vicina a un dispositivo mobile (come un tablet) rispetto a un moderno PC desktop. La memoria del Raspberry Pi è più limitata di quella a cui probabilmente sei abituato, si tratta di pochi GB di RAM anche se esistono modelli con 4 o 8 GB a disposizione. Purtroppo, non puoi espandere la sua memoria con memoria come puoi fare con un PC desktop.

Potresti scoprire che il Pi non può tenere il passo con le esigenze di alcuni software moderni e che alcuni programmi non funzionano abbastanza velocemente per essere utili su di esso. Tuttavia, è facile trovare programmi alternativi con le stesse funzionalità, provarli e rimuoverli se non vanno bene e molti programmi funzionano davvero bene sul Raspberry Pi. Se hai già un altro computer, è improbabile che Raspberry Pi lo possa usurpare come macchina principale ma il Pi ti dà la libertà di provare molte cose che probabilmente non oseresti provare, o non sapresti come provare, con il tuo PC principale.

Cosa ti serve

I creatori del Raspberry Pi hanno ridotto i costi fino all'osso per consentirti di possedere un computer completo a poco prezzo quindi dovrai cercare o acquistare qualche altro componente. In realtà, probabilmente, non dovrai comprare nulla perché si tratta di oggetti che molte persone hanno già in giro per casa o in garage, o che puoi recuperare da amici o vicini.

In particolare, se utilizzi un Raspberry Pi come secondo computer, probabilmente hai la maggior parte delle periferiche di cui hai bisogno. Detto questo, potresti scoprire che questi dispositivi non sono completamente compatibili con il Raspberry Pi e dovrai acquistare dei sostituti. Ecco un elenco di controllo di cosa potresti aver bisogno:

- **Monitor**: il Raspberry Pi utilizza una connessione HDMI (interfaccia multimediale ad alta definizione). Se il tuo monitor ha una presa HDMI, puoi collegare il Raspberry Pi direttamente a esso. Se il tuo monitor non supporta HDMI, probabilmente ha una presa DVI e puoi comprare un convertitore semplice ed economico che ti consente di collegare un cavo HDMI a esso. I vecchi monitor VGA non sono ufficialmente supportati dalla Raspberry Pi Foundation ma sono disponibili dispositivi per convertire il segnale HDMI in uno VGA. Se stai pensando di acquistare un convertitore, controlla prima online per vedere se funziona con Raspberry Pi. Se il monitor è collegato utilizzando una spina blu e il connettore ha tre file su cinque pin, probabilmente si tratta di un monitor VGA;

- **Tastiera e mouse USB**: può sembrare una banalità ma senza tastiera e mouse non potrai usare né configurare il tuo dispositivo. Quando il Raspberry Pi si comporta in modo imprevedibile è spesso perché la tastiera assorbe troppa energia, quindi evita le tastiere con troppe luci lampeggianti in stile "gaming";

- **Scheda SD**: il Raspberry Pi non ha un disco rigido integrato quindi utilizza una scheda SD come memoria principale. Probabilmente hai già alcune schede SD che usi per la tua fotocamera digitale, anche se potresti aver bisogno di ottenerne una di capacità maggiore. Consigliamo una scheda SD da almeno 8 GB e, dato che le schede SD sono abbastanza economiche ora, vale la pena acquistarne una da 16 o 32 GB. Non si tratta di molto spazio per i tuoi file e i tuoi dati rispetto al disco rigido di un computer moderno ma puoi utilizzare anche altri dispositivi di archiviazione come dischi rigidi esterni con il tuo Raspberry Pi. Le schede SD hanno numeri di classe diversi che indicano la velocità con cui è possibile copiare le informazioni da e verso di esse quindi ti consiglio almeno una di classe 10;

- **Alimentatore**: il Raspberry Pi utilizza un connettore

Micro USB per il suo alimentatore ed è teoricamente compatibile con molti carica batterie per telefoni cellulari e tablet. In pratica, molti di questi non sono in grado di fornire corrente sufficiente, il che può rendere instabile il Raspberry Pi. Anche la resistenza nei cavi che collegano il Pi all'alimentatore varia notevolmente e questo può impedire il funzionamento di periferiche come il mouse. Vale la pena verificare se hai un carica batterie adatto (dovrebbe indicare quanta corrente fornisce) ma per ottenere i migliori risultati, ti consigliamo di acquistare un carica batterie compatibile dalla stessa azienda da cui hai preso il tuo Raspberry Pi. Non provare ad alimentare il Pi collegandolo alla porta USB del tuo PC con un cavo, perché il tuo computer probabilmente non può fornire energia sufficiente per il tuo Pi.

Il Raspberry Pi è stato progettato per essere utilizzato con tutti gli accessori che hai in giro per ridurre al minimo il costo per iniziare ma, in pratica, non tutti i dispositivi sono compatibili. In particolare, hub, tastiere e mouse USB incompatibili possono causare problemi difficili da diagnosticare pertanto ti consiglio di acquistare un kit completo per avere tutto l'occorrent.

CAPITOLO 2
Sistema Operativo

Prima di poter fare qualsiasi cosa con il tuo Raspberry Pi, devi fornirgli un sistema operativo. Il software del sistema operativo consente di utilizzare le funzioni di base del computer e si occupa di attività come la gestione dei file e l'esecuzione di applicazioni, come elaboratori di testi o browser web. Queste applicazioni utilizzano il sistema operativo come intermediario per comunicare con l'hardware e non funzioneranno senza di esso. Questo concetto non è esclusivo del Raspberry Pi infatti sul tuo laptop, il sistema operativo potrebbe essere Microsoft Windows o Mac OS, su un iPad o iPhone, è iOS.

In questo capitolo, ti mostriamo come creare la tua scheda SD con il sistema operativo su di essa, sono necessari solo pochi minuti ma potrebbe richiedere l'uso di software o comandi non familiari quindi questo capitolo ha il compito di guidarti. Anche se acquisti una scheda SD precaricata con il sistema operativo (di solito venduta nel kit), eseguire il flashing di una scheda SD per il Raspberry Pi è un'abilità preziosa perché potresti voler sperimentare alcune versioni di Linux (o distribuzioni) che non lo sono disponibili nella scheda SD che hai comprato.

Sono disponibili diverse distribuzioni Linux per Raspberry Pi e puoi trovare un elenco ufficialmente approvato su www.raspberrypi.org/downloads[1]. Come ci si potrebbe aspettare, con comunità così attiva attorno a Raspberry Pi e

---

1. http://www.raspberrypi.org/downloads

Linux, ci sono molte altre distribuzioni in varie fasi di sviluppo e disponibilità. La distribuzione ufficialmente raccomandata per i principianti si chiama Raspbian ed è una versione di una distribuzione chiamata Debian che è stata ottimizzata per Raspberry Pi da due sviluppatori, Mike Thompson e Peter Green. Include il software desktop grafico LXDE, il browser web e vari strumenti di sviluppo. Questo è il modo più rapido per iniziare a utilizzare il tuo Raspberry Pi e, per la maggior parte degli utenti, è quello che vorrai utilizzare. In questo Ebook, assumiamo che tu stia utilizzando Raspbian.

A meno che tu non abbia una buona ragione per provare qualcos'altro, o tu sia un utente Linux esperto che desidera utilizzare una distribuzione in particolare, ti consigliamo di attenerti alla raccomandazione della Raspberry Pi Foundation di utilizzare Raspbian. Detto questo, non è una decisione definitiva: puoi facilmente riutilizzare una scheda SD con una diversa distribuzione Linux o tenere un paio di schede SD con diverse distribuzioni su di esse. Prima di accendere il Raspberry Pi, scegli la distribuzione che desideri utilizzare e inserisci la scheda SD appropriata.

Ora dovresti avere una scheda SD e la distribuzione Linux che hai scaricato. Sfortunatamente, la copia della tua distribuzione Linux sulla tua scheda SD non è semplice come copiare semplicemente un file.

La distribuzione Linux è in un formato speciale (un file immagine ISO) che descrive tutti i diversi file che devono essere creati sulla scheda SD. Per convertire il file immagine in una scheda SD che funzionerà su Raspberry Pi, è necessario eseguire il flashing della scheda SD. Il modo in cui eseguire quest'attività varia a seconda della piattaforma del computer che stai utilizzando, alcuni software utili sono BalenaEtcher, Rufus o lo strumento integrato in Windows 10. Di solito è sufficiente scaricare il software in modo gratuito, selezionare il file della distribuzione Linux e, senza altri passaggi intermedi, far iniziare la scrittura della scheda SD.

CAPITOLO 3
Configurare Raspberry

Potresti essere un po' scoraggiato nel trovarti di fronte a un circuito stampato ma è facile collegare il tuo Raspberry Pi per farlo funzionare. Potrebbe essere necessario modificare alcune delle sue configurazioni, ma molte persone scoprono che il loro Raspberry Pi funziona bene già nel momento in cui collegano tutti i componenti necessari.

Il Raspberry Pi richiede una scheda SD con il sistema operativo per avviarsi, se non ne hai uno, consulta il capitolo precedente per consigli su come scaricare il sistema operativo e copiarlo su una scheda SD. Per inserire la tua scheda SD, capovolgi il tuo Raspberry Pi in modo da guardarne la parte inferiore. Su uno dei lati corti c'è un dispositivo di plastica per la tua scheda SD. Fai scorrere la scheda SD e premi delicatamente la scheda verso l'interno per assicurarti che sia ben collegata, dovresti sentire uno scatto.

Nota bene: l'apparecchio non è abbastanza grande da coprire la tua scheda SD, quindi la maggior parte della scheda sporgerà dal lato della scheda e sarà visibile quando girerai di nuovo il Pi.

Puoi collegare un monitor al tuo Raspberry Pi in due modi, a seconda del tipo di schermo che hai a disposizione. Ciò significa che una delle prese del display del Raspberry Pi sarà sempre scollegata. Sulla superficie superiore della scheda, al centro del bordo inferiore si trova il connettore HDMI. Inserisci il tuo cavo HDMI in quella porta, quindi inserisci l'altra estremità nel tuo monitor. Se si dispone di un display DVI, anziché di un display HDMI, è necessario utilizzare un adattatore all'estremità dello schermo del cavo. L'adattatore stesso è un semplice connettore, quindi è sufficiente collegare il cavo HDMI all'adattatore, per poi collegare l'adattatore al monitor e girare le viti argentate sull'adattatore per tenere il cavo in posizione.

La tastiera e il mouse possono essere collegati direttamente alle prese USB del tuo Raspberry Pi; tuttavia, è meglio collegarli a un hub USB alimentato esternamente e collegato al Pi. Questo riduce il rischio di problemi causati dai dispositivi che assorbono troppa energia dal Pi.

Se utilizzi un televisore HDMI, l'audio viene indirizzato allo schermo tramite il cavo HDMI, quindi non è necessario collegare un cavo audio separato. Altrimenti, la presa audio del tuo Raspberry Pi è una piccola scatola nera attaccata lungo il bordo superiore della scheda. Se hai auricolari o cuffie da un lettore musicale portatile, puoi collegarli direttamente a questa presa infatti si tratta di un jack audio da 3,5mm. Se utilizzi altoparlanti per PC, tieni presente che devono disporre di un proprio alimentatore.

L'ultima cosa che dovresti fare è collegare l'alimentazione. La presa di alimentazione si trova nell'angolo inferiore sinistro della scheda. Il Raspberry Pi non ha un interruttore di accensione / spegnimento quindi quando colleghi l'alimentazione, inizia subito a funzionare. Per spegnere il dispositivo basta scollegare l'alimentazione.

Ti consiglio di collegare sia un hub USB sia il Raspberry Pi su una prolunga, in modo che tu possa accenderli entrambi contemporaneamente. Quando accendi il tuo Raspberry Pi, lo schermo mostra brevemente un arcobaleno di colori, quindi inizia a eseguire il software del sistema operativo Linux sulla scheda SD.

La prima volta che accendi il Raspberry Pi, proverai un brivido nel vederlo funzionare, seguito da nervosismo perché magari non capisci tutto il testo che scorre sullo schermo. Il testo ti dice cosa sta facendo il Raspberry Pi all'avvio, ma non devi saperlo o preoccuparti di questo, è necessario un po' di tempo prima che il Raspberry Pi finisca di avviarsi, tuttavia, al primo avvio può risultare più lento.

Dopo aver fatto ciò Raspbian avvierà una configurazione guidata dove ti chiederà la lingua del sistema operativo, ti farà collegare a una rete wireless (se disponibile) ed eseguirà tutti gli aggiornamenti necessari.

CAPITOLO 4
Il Desktop

Il modo più rapido per iniziare a giocare con il tuo Raspberry Pi è utilizzare l'ambiente desktop, che si chiama LXDE (abbreviazione di Lightweight X11 Desktop Environment). LXDE fa parte della distribuzione Raspbian Linux per Raspberry Pi ed è la distribuzione consigliata per i principianti.

LXDE è progettato per essere il più efficiente possibile nell'uso della memoria e del processore. Ciò lo rende perfetto per il Raspberry Pi, che è limitato sotto entrambi gli aspetti rispetto a molti computer moderni. L'ambiente desktop funziona in modo simile ai sistemi operativi Windows o Mac OS, consente di utilizzare icone e mouse per trovare e gestire file e utilizzare programmi. Tutto questo lo rende relativamente intuitivo nella navigazione e significa che puoi facilmente trovare e provare alcuni dei software forniti con la tua distribuzione Linux.

In questo capitolo, ti illustreremo come utilizzare l'ambiente desktop e ti presenteremo alcuni dei suoi programmi. Puoi gestire i tuoi file usando la riga di comando ma spesso è più facile farlo in LXDE.

Il File Manager viene utilizzato per sfogliare, copiare, eliminare, rinominare e gestire in altro modo i file sul tuo Raspberry Pi o sui dispositivi di archiviazione collegati. Si avvia il File Manager facendo clic sul suo pulsante in basso a sinistra dello schermo oppure utilizzando il menu Programmi, che si trova tra gli Strumenti di sistema.

In Linux, di solito si parla di archiviare file in directory, ma LXDE usa invece il termine cartelle, che probabilmente ti è familiare dagli altri computer che hai usato. Una cartella è solo un modo per raggruppare una raccolta di file o programmi e assegnare un nome a quella raccolta. Puoi anche inserire delle cartelle all'interno di altre cartelle.

Sulla destra del File Manager, puoi vedere i file (e tutte le cartelle) che si trovano all'interno della cartella che stai attualmente guardando. Ogni file ha un'icona che indica il tipo di file, a eccezione dei file d'immagine, che hanno una piccola rappresentazione dell'immagine stessa. È possibile fare doppio clic su una cartella in quest'area per aprirla così come è possibile fare doppio clic su un file per aprirlo con il programma predefinito per quel tipo di file. Un file immagine si apre utilizzando il Visualizzatore immagini, ad esempio, mentre un file Scratch si apre in Scratch.

Se invece desideri scegliere in quale programma aprire un file, puoi fare clic con il pulsante destro del mouse sull'icona del file per visualizzare un'opzione chiamata "Apri con". Selezionalo per visualizzare un menu di tutti i programmi disponibili sul tuo Raspberry Pi quindi conferma la tua scelta.

È possibile utilizzare anche dei segnalibri nel menu nella parte superiore del File Manager, quindi scegli "Aggiungi a segnalibri". I tuoi segnalibri vengono visualizzati nell'apposito riquadro e, per rimuovere o rinominare un segnalibro, fai clic con il pulsante destro del mouse sulla sua voce nel riquadro Segnalibri e seleziona l'opzione appropriata dal menu che si apre.

Per quanto riguarda la navigazione Web, il browser predefinito nelle ultime versioni di Raspbian è Chromium che è un progetto browser open source che mira a creare un modo più sicuro, veloce e più stabile per tutti gli utenti per sperimentare il web. Da Chromium derivano Google Chrome e Microsoft Edge quindi condividono la maggior parte del codice e funzionalità, anche se ci sono alcune piccole differenze nelle caratteristiche specialmente sui termini di licenza.

Uno dei principali obiettivi del progetto è di rendere Chromium un window manager a schede, o Shell per il web, in contrapposizione ai tradizionali browser. L'applicazione Chromium è progettata per avere un'interfaccia utente minimalista e veloce nell'utilizzo.

LibreOffice è una suite per la produttività che è stata lanciata nel mondo dalla Document Foundation, con il nobile obiettivo di creare una suite di prodotti per ufficio open source e gratuita. È basato sulla suite per ufficio OpenOffice, a sua volta basata su StarOffice. Questa è una delle grandi cose del software open source: il codice e le funzionalità possono essere riutilizzati e ottimizzati così che il lavoro di uno sviluppatore possa andare avanti a vantaggio del lavoro di un altro, a volte anche molti anni dopo. LibreOffice è disponibile per la maggior parte dei computer e dei sistemi operativi, inclusi Mac e Windows ed è la suite per ufficio predefinita fornita con varie distribuzioni di Linux, come Debian e OpenSuse. E poiché Raspberry Pi è essenzialmente un computer Linux, LibreOffice funziona bene anche su Pi.

Fondamentalmente, LibreOffice è ampiamente compatibile con altre suite per ufficio come Microsoft Office e Google Drive, quindi se crei un documento con LibreOffice, puoi comunque condividerlo con i tuoi amici che usano altre suite per ufficio e puoi aprire i loro file se dovessero scegliere di condividerli con te. Inoltre, LibreOffice è stato tradotto in più di cento lingue.

Puoi fare un bel po' di cose per personalizzare il desktop su LXDE e renderlo più facile da usare. Proprio come altri computer desktop che potresti aver utilizzato, puoi cambiarne l'aspetto.

Per trovare le opzioni per questo, fare clic su Personalizza aspetto grafico nella sezione Preferenze del menu Programmi. Si apre l'opzione Personalizza aspetto e design dove puoi scegliere il carattere predefinito e scegliere tra diversi colori e stili per il contenuto delle finestre. Puoi anche regolare la sensibilità della tastiera e del mouse, utilizza le impostazioni della tastiera e del mouse nel menu Programmi. Per i mancini, è possibile anche scambiare i pulsanti sinistro e destro del mouse.

CAPITOLO 5
Shell Linux

Hai già intravisto la Shell di Linux: è il modo per impartire istruzioni al tuo Raspberry Pi basato su testo. Quando accendi il tuo Raspberry Pi, la Shell è la prima cosa che vedi. La Shell del Raspberry Pi si chiama Bash, che viene utilizzata anche nella maggior parte delle altre distribuzioni Linux. Il suo nome è l'abbreviazione di Bourne Again Shell, un gioco di parole perché è stato creato per sostituire la Shell Bourne. In questo capitolo imparerai come usare la Shell per gestire il tuo Raspberry Pi.

Ci sono diversi motivi per cui è una buona idea imparare a usare la Shell. Ancora più importante, è una soluzione più veloce per determinate attività rispetto all'ambiente desktop. L'apprendimento di Linux è anche un'abilità utile in sé: Linux è un sistema operativo potente e popolare e il Raspberry Pi può fornire un'introduzione accessibile alle basi.

Ti dà anche un'idea di cosa sta succedendo dietro le quinte sul tuo Raspberry Pi. Fai clic sull'icona Terminale per aprire una sessione di Shell in una finestra e sei pronto per lavorare in Bash.

Quando accedi al tuo Raspberry Pi, vedi un prompt simile a questo, con un cursore accanto pronto per leggere il tuo comando:

Pi@raspberrypi ~ $

A prima vista, quel prompt può sembrare piuttosto strano e inutilmente complicato (perché non dice semplicemente OK?), ma in realtà contiene molte informazioni. Questo è il significato:

- Pi: questo è il nome dell'utente che ha effettuato l'accesso. È possibile aggiungere diversi utenti al tuo Raspberry Pi, e se accedi come un utente diverso vedrai il nome di quell'utente al posto di pi;
- Raspberry pi: questo è il nome host della macchina, che è il nome che altri computer potrebbero usare per identificare la macchina quando si connettono a essa;
- ~: in Linux, si parla di organizzare i file in directory piuttosto che in cartelle ma il concetto è lo stesso. Questa parte del prompt ti dice quale directory stai guardando (la directory di lavoro corrente). Il simbolo della tilde (~) è una scorciatoia per quella che è conosciuta come la tua directory home, e la sua presenza nel prompt qui mostra che stai attualmente lavorando in quella directory. Un utente normale non ha il permesso di mettere file ovunque tranne che per la sua home directory o qualsiasi directory all'interno di quella home directory;
- $: il segno del dollaro significa che sei un utente ordinario e non un super utente. Se fossi un super utente, vedresti invece un simbolo #. Per ora ti basta sapere che alcuni utenti possono fare attività che altri utenti non possono eseguire.

È sicuro dare un'occhiata a qualsiasi file e directory sulla tua scheda SD e, come utente normale, in ogni caso non puoi eliminare o danneggiare qualsiasi file importante, così puoi esplorare i file sulla tua scheda SD senza timore di eliminare nulla d'importante.

Il comando per elencare file e directory è ls. Poiché inizi nella tua directory home, se digiti questo comando, vedrai le cartelle e i file (se presenti) nella tua directory home. Ecco come appare l'output sul mio Raspberry Pi:

Pi@raspberrypi ~ $ ls

Desktop documenti

Ci sono due risultati qui: Desktop e documenti. Saranno evidenziati con il colore blu, il che significa che sono directory, quindi possiamo esaminarli per dare un'occhiata ai file che hanno al loro interno. Il comando per cambiare una directory è cd, lo usi insieme al nome della directory in cui vorresti entrare, in questo modo:

CD documenti

Il tuo prompt cambia per mostrare la directory in cui ti sei spostato dopo il carattere tilde, e puoi ricontrollare che la directory corrente sia cambiata usando ls per visualizzare i file presenti in questa directory.

Se vuoi saperne di più su un particolare file, puoi usare il comando file. Dopo il nome del comando, inserisci il nome del file su cui desideri maggiori informazioni. Il comando file può dirti molto su un file, ad esempio se si tratta di un'immagine, può specificare le sue dimensioni. Un'importante caratteristica di

Linux è che considera tutto come un file, inclusi i dischi rigidi e le connessioni di rete.

Abbiamo usato cd per spostarci in una directory che si trova all'interno della directory di lavoro corrente. Tuttavia, spesso vorrai passare alla directory superiore, nota come directory padre. La directory documenti è all'interno della tua directory pi, quindi la directory pi è la directory principale per essa. Per passare alla directory principale, usa cd con due punti. Puoi usare quel comando mentre sei in documenti per cambiare la tua directory di lavoro (indicata da un simbolo ~ nel prompt dei comandi).

Pi@raspberrypi ~/documenti $ cd.

Pi@raspberrypi ~ $

Il simbolo ~ è in realtà solo una scorciatoia per la tua directory home. Il suo vero nome è lo stesso del tuo nome utente, il che significa che di solito sarà pi, il nome utente predefinito. La directory principale della directory home è, in modo piuttosto confuso, chiamata home ed è utilizzata per memorizzare le directory home di tutti gli utenti del computer.

Quando sei nella tua directory home, prova a usare cd. Per andare nella directory chiamata home. Se lo usi di nuovo, ti ritroverai nella directory più alta del tuo sistema operativo, conosciuta come root e indicata con / nel prompt dei comandi. Prova a navigare tra le directory principali per arrivare alla radice e quindi elencare cosa c'è, in questo modo:

Pi@raspberrypi ~ $ cd ...

Pi@raspberrypi /home $ cd …

Pi@raspberrypi / $ ls

Bin boot dev etc home lib lost+found media mnt opt proc root run sbin selinux srv sys tmp usr var

Sentiti libero di usare il comando cd per curiosare tra queste directory. Puoi usare ls per vedere cosa c'è nella directory, cd per cambiare in una directory in cui ti imbatti e file per esaminare tutti i file che trovi.

Nomi delle cartelle

Quando si pensa a come sono organizzate le directory su un computer, spesso si usa la metafora di un albero. Un albero ha un unico tronco con molti rami, rami secondari che spuntano da quei rami e così via fino a quando non si arriva a ramoscelli. Il tuo Raspberry Pi ha una singola directory principale, con directory che ne derivano e sottodirectory all'interno e, forse, anche altre sottodirectory.

Vediamo le cartelle principali:

- Bin: È l'abbreviazione di binari e contiene piccoli programmi che si comportano come i comandi nella Shell, inclusi ls e mkdir, che userai per creare directory in seguito;
- Boot: contiene il kernel Linux, il cuore del sistema operativo, e contiene anche file di configurazione che memorizzano varie impostazioni tecniche per il Raspberry Pi. È possibile modificare qui il file config.txt per cambiare alcune delle impostazioni del computer;
- Dev: contiene una lista dei dispositivi riconosciuti dal sistema operativo;
- Etc: viene utilizzato per vari file di configurazione che si applicano a tutti gli utenti del computer;
- Home: questa directory contiene una directory per ogni utente e questo è l'unico posto in cui un utente può archiviare o scrivere file per impostazione predefinita;
- Lib: contiene le librerie (programmi condivisi) utilizzate da diversi programmi del sistema operativo;

- Opt: utilizzato per il software opzionale sul tuo Raspberry Pi. Di solito in Linux, questa directory viene utilizzata per il software che installi tu stesso, ma su Raspberry Pi, i programmi tendono a installarsi in /usr/bin;
- Usr: utilizzato per i programmi e i file che gli utenti ordinari possono accedere ed eseguire;
- Var: memorizza i file di dimensioni variabili (o le variabili) come database e file di registro. È possibile visualizzare il registro dei messaggi di sistema con il comando less /var/log/messages.

CAPITOLO 6
Programmare Con Python

In questo capitolo ti presenteremo Python, un potente linguaggio di programmazione ampiamente utilizzato in molte aziende. Uno dei modi migliori per imparare a programmare è studiare i programmi di altre persone, quindi in questo capitolo ti mostrerò un semplice programma. Probabilmente ti sarà più facile imparare se provi a creare gli esempi con noi, ma puoi anche scaricare qualche semplice programma dal web e immergerti nel codice.

Non è possibile coprire tutto ciò che puoi fare con Python, ma questo capitolo ti offre le basi per iniziare con i tuoi primi programmi. Imparerai alcuni dei principi fondamentali di Python e della programmazione in generale e acquisirai una comprensione di come sono messi insieme i programmi Python. Il Raspberry Pi ha due versioni di Python installate: Python 2.7 e Python 3.

Di solito quando il software o i linguaggi di programmazione vengono aggiornati, la nuova versione è compatibile con la vecchia, in realtà, Python 3 è stato intenzionalmente progettato per non essere compatibile quindi i programmi scritti per Python 2.7 potrebbero non funzionare con Python 3 e viceversa.

I programmatori usano spesso un ambiente di sviluppo integrato (IDE), che è un insieme di strumenti per creare e testare i programmi per un linguaggio di programmazione. L'IDE

Python preinstallato si chiama Thonny e ti fare doppio clic sull'icona per farlo partire.

Dopo aver avviato Thonny, vedrai un nuovo editor di script e una Shell. Puoi digitare un programma nell'editor di script ed eseguirlo nella Shell. È quindi possibile utilizzare la Shell per interagire direttamente con il programma; accedere a variabili, oggetti e altre funzionalità del programma. Thonny ha una gamma di funzionalità aggiuntive perfette per l'apprendimento della programmazione infatti una delle migliori caratteristiche è una modalità di debug potente ma facile da usare. Invece di eseguire il programma, scorre il codice riga per riga ed è possibile visualizzare le variabili e gli oggetti creati e i valori passati alle funzioni o valutati dai comparatori.

Uno dei comandi basilari in qualsiasi linguaggio di programmazione è quello che indica al computer di scrivere del testo sullo schermo. In Python (e anche in altri linguaggi), questo comando è print e lo usi in questo modo:

>>> print "Hello World"

Hello World

>>>

Qualunque cosa digiti tra virgolette dopo che il comando print viene "stampato" sullo schermo, quindi Python ti riporta quindi al prompt in modo che tu possa inserire un altro comando.

Come la Shell di Linux, Python fa distinzione tra maiuscole e minuscole, il che significa che non funzionerà se usi lettere maiuscole dove non dovresti. Il comando print deve essere scritto in minuscolo; altrimenti Python ti dirà che hai commesso un errore di sintassi, il che significa che stai usando un comando in modo errato.

Primo programma

Ora vedremo come creare un programma che generi le tabelline. Ad esempio, se l'utente richiede la tabellina del numero 7, il programma restituirà la sequenza 7, 14, 21 e così via. Il programma è lungo solo poche righe ma ti insegna: come creare programmi; come usare variabili per memorizzare numeri; come chiedere informazioni all'utente e come creare sezioni di programma che si ripetono (cicli).

Il problema con l'immissione d'istruzioni nella Shell è che devi inserirle ogni volta che vuoi usarle e non è possibile riutilizzarle in modo semplice. Puoi risolvere questo problema creando un programma ovvero una serie d'istruzioni ripetibili che puoi salvare come file e riutilizzare.

Per creare un programma, devi usare la modalità script infatti quando si immettono comandi in modalità script, non vengono eseguiti immediatamente e la finestra si comporta come un semplice editor di testo che ti consente d'inserire il tuo elenco di comandi (o programma) e ti dà il controllo su quando questi comandi vengono eseguiti. Immetti i seguenti comandi in modalità script:

```
# Il calcolatore di tabelline

print ("Calcolo delle tabelline")

Print ("Elaboratore: Raspberry Pi")
```

Le due istruzioni print dovrebbero sembrarti familiari, ma la prima riga è nuova. In Python, qualsiasi cosa dopo un # (segno cancelletto) viene ignorato dal computer infatti il segno cancelletto indica un commento, utilizzato per aggiungere note ai programmi in modo da poterle comprendere in seguito.

I programmi migliori sono scritti in modo tale che tu possa capirli facilmente ma è una buona idea lasciare dei piccoli messaggi per il futuro (a te o ad altre persone) in modo da poter comprendere rapidamente aspetti importanti del programma. Abbiamo inserito il nome del programma all'inizio del programma, quindi se lo apriamo in un secondo momento, possiamo vedere immediatamente cosa fa. Per salvare il programma, fare clic sul menu File nella parte superiore della finestra in modalità script e scegliere Salva.

Per avviare un programma fare clic sul pulsante Esegui, Python tornerà alla Shell e vedrai quelle due righe di testo stampate sullo schermo. Congratulazioni! Hai appena scritto il tuo primo programma Python!

Il passo successivo del nostro programma è chiedere all'utente quale tabellina vorrebbe generare. Memorizzeremo questo numero in una variabile, che è un modo per memorizzare un numero o un pezzo di testo in modo da poterne fare riferimento in seguito.

Ad esempio, potresti avere una variabile che memorizza il tuo saldo bancario. Le variabili sono uno degli elementi costitutivi della programmazione, non solo in Python. Vediamo come memorizzare il valore richiesto all'utente:

Numero=5

È possibile visualizzare il valore di una variabile sullo schermo utilizzando il comando print con il nome della variabile:

Print numero

Prima di andare oltre, dovremmo chiarire un termine molto usato: funzione. Una funzione è un insieme di comandi che svolgono un particolare lavoro e ce ne sono molte integrate in Python. Per utilizzare una funzione, inserisci il suo nome, seguito da parentesi. Se vuoi inviargli delle informazioni con cui lavorare, inseriscile tra parentesi.

Quando il nostro programma viene eseguito, vogliamo chiedere all'utente quale tabellina vorrebbe generare e quindi memorizzare quel numero in una variabile che chiameremo numero. Per fare ciò, impostiamo la variabile numero usando una funzione incorporata chiamata input (), che pone la domanda, aspetta che l'utente digiti qualcosa e quindi inserisce tutto ciò che viene digitato nella variabile:

Numero=**input** ("Quale tabellina devo generare? ")

Inizia stampando un titolo per la tabellina richiesta dall'utente. Ciò richiede qualcosa che non avevamo prima: la capacità di stampare testo e variabili nella stessa riga di testo. Il comando print può essere usato per stampare più elementi in una riga, se sono separate da virgole, in modo da poter combinare il testo e la nostra variabile numero in questo modo:

Print ("\ecco la tabellina del", numero)

I primi due caratteri qui, \n, hanno un significato speciale. Sono noti come codice di Escape e vengono utilizzati per iniziare una nuova riga, qui creano un po' di spazio tra la domanda che richiede input e l'intestazione risultante. Ora devi stampare una riga per ogni voce nella tabellina, da 1 a 12. Puoi usare le variabili nelle somme e puoi stampare le somme, in modo da poter visualizzare la tabellina in questo modo:

Print "1 volta", numero, "è", numero

print "2 volte", numero, "è", numero*2

print "3 volte", numero, "è", numero*3

print "4 volte", numero, "è", numero*4

Questa non è proprio una buona soluzione infatti per ogni riga di output, stiamo inserendo una nuova riga nel programma e aggiungendo una nuova somma alla fine di essa. Anche usando il copia e incolla in modalità script, abbiamo esaurito la pazienza dopo poche righe. E se volessimo creare una tabellina che arriva fino a 50? Chiaramente, abbiamo bisogno di una soluzione più scalabile.

Per rendere il nostro programma più flessibile, possiamo usare un ciclo for. Ciò consente di ripetere una sezione di programma un numero di volte stabilito e di aumentare una variabile ogni volta che il codice si ripete. Questo è esattamente ciò di cui abbiamo bisogno per il nostro programma di tabelline: vogliamo visualizzare una riga per ogni numero da 1 a 12, mostrando il risultato della moltiplicazione di quel numero per la cifra inserita dall'utente. Ecco come appare il codice che lo rende possibile:

For i **in range**(1,13):

Print (i, "volte", numero, "è", i*numero)

Questo piccolo frammento di programma introduce diversi nuovi concetti di programmazione. Per prima cosa, dai un'occhiata alla funzione range ().

Viene utilizzata per creare un elenco di numeri e gli si assegna un numero iniziale (in questo caso 1) e il punto finale 13 (in questo caso 13). Il punto finale non è mai incluso nell'elenco, quindi abbiamo dovuto usare 13 per far iterare le nostre tabelline fino a 12.

La nostra funzione range (), quindi, crea un elenco di numeri da 1 a 12 mentre il resto della riga dice che dovremmo dare alla variabile i il valore successivo dal nostro elenco di numeri ogni volta che ripetiamo. La prima volta i ha valore 1, il primo numero nella nostra lista. La seconda volta, i ha un valore di 2, che è il secondo numero nella nostra lista. Questo è ripetuto fino all'ultima ripetizione, quando i ha un valore di 12.

Diciamo a Python quali comandi dovrebbero essere ripetuti indentandoli. Il comando print che abbiamo usato ha quattro spazi prima e in Python questi spazi sono significativi. Molti linguaggi ti consentono d'indentare i tuoi programmi come preferisci, ma in Python la spaziatura fa parte del modo in cui il computer comprende le tue intenzioni. Imponendo l'uso di spazi come questo, Python rende più facile leggere i programmi perché puoi capire a colpo d'occhio come è strutturato il programma.

Mettendo tutto insieme, il programma finale si presenta così:

```
# Il calcolatore di tabelline

print ("Calcolo delle tabelline")

print ("Elaboratore: Raspberry Pi")

Numero=input ("Quale tabellina devo generare? ")

numero = int(numero)

Print ("\ecco la tabellina del", numero)

For i in range(1,13):

Print (i, "volte", numero, "è", i*numero)

Print ("Grazie per aver usato il nostro programma")
```

Come puoi vedere abbiamo aggiunto un'altra funzione: int (). Questa funzione consente di convertire il valore inserito dall'utente in un valore numerico. Eliminando questa riga il programma stamperà i volte il valore numero.

CAPITOLO 7
GPIO

Prima d'iniziare questo capitolo ti consiglio di ripassare le nozioni base di elettronica, in modo da poter sperimentare in tutta sicurezza tenendo questo Ebook come guida. Creeremo alcuni semplici progetti per capire come usare queste porte GPIO che hanno lo scopo di farti collegare hardware al Raspberry Pi e consentirti il pieno controllo su di essi.

Il circuito che useremo per la prima prova sarà composto semplicemente da un LED di bassa potenza e dalla sua resistenza. Utilizzeremo il pin di 3.3V per l'alimentazione e un GPIO del Raspberry Pi per chiudere il circuito a massa. Niente vieta di fare l'opposto, cioè di usare il GPIO per fornire l'alimentazione e il pin 0V del pettine per la massa ma, nel mio caso, ho scelto la prima opzione perché uso un LED RGB ad anodo (positivo) comune.

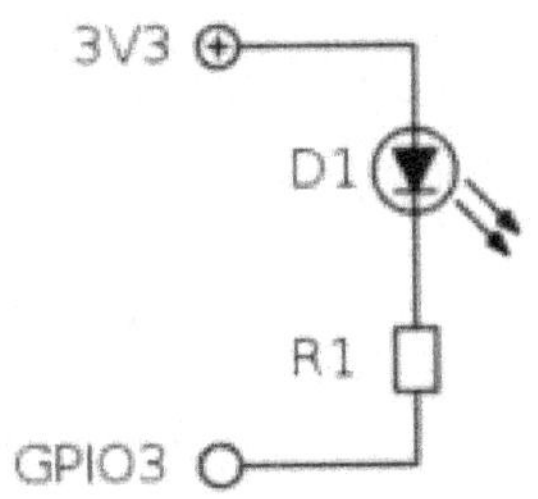

La resistenza da applicare al circuito si può calcolare con la Legge di Ohm, dove la tensione ai capi della resistenza è pari alla tensione d'alimentazione (3.3 V) a cui viene sottratta la caduta di tensione del LED. Se, ad esempio, abbiamo un LED la cui la caduta di tensione è 1.6V e vogliamo che la sua corrente sia di 8mA, calcoleremo la resistenza in questo modo:

(3.3V - 1.6V) / 0.008A

Il risultato è una resistenza di circa 213 Ohm che diventa 220 Ohm se consideriamo i valori commerciali.

Attenzione: se non avete a disposizione il valore della tensione di caduta del led, potete facilmente trovarlo con un tester. Se usate tensioni più grandi (ad esempio 12V) la resistenza deve essere anch'essa più grande (almeno 2kΩ). Se non conoscete la corrente con cui deve essere alimentato il LED, generalmente vanno bene 4-8mA. Se non volete correre rischi, usate una resistenza da 1kΩ e se il LED non si accende, provate a usare una resistenza da 470Ω. Ovviamente prima è fondamentale verificare che il LED sia collegato nel verso giusto (il piedino più corto verso massa e quello più lungo verso il positivo).

Il secondo circuito che realizziamo serve per testare gli ingressi del Raspberry ed è composto solo da un pulsante.

Questo circuito lo useremo insieme al primo per vedere come usare input e output del Raspberry Pi contemporaneamente.

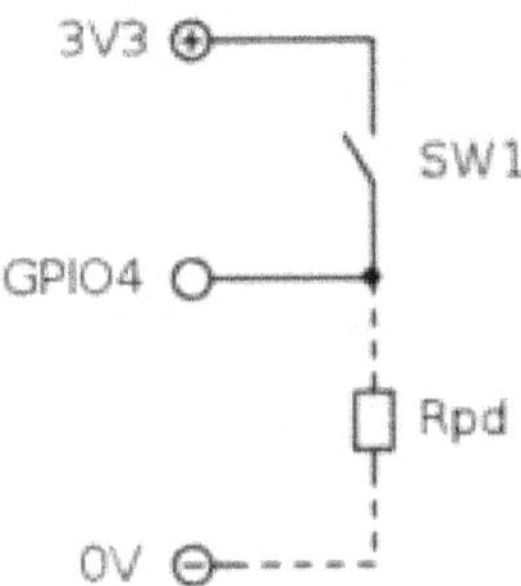

Rpd è la resistenza di pull-down, che serve a dare un segnale logico di riferimento al GPIO. Se questa fosse assente quando SW1 è aperto, il GPIO sarebbe a tutti gli effetti scollegato dal circuito, cioè non avrebbe né un riferimento positivo né uno negativo e quindi potrebbe arrivare a "inventarsi" lo stato dell'ingresso dandoci delle false letture. La resistenza Rpd fa in modo che quando il pulsante è aperto il GPIO sia collegato verso massa, lasciandogli quindi sempre un segnale logico ben preciso.

Eccoci arrivati al punto in cui impariamo a comandare le uscite. Python integra già una libreria chiamata RPi.GPIO che permette di comandare le uscite e leggere gli ingressi.

Vediamo subito come accendere il LED del primo circuito, eseguiamo python dal terminale con il comando:

Sudo python

Sudo è necessario per permettere all'interprete di accedere al controllo dei GPIO come super utente infatti è l'acronimo di "Super User DO". A questo punto possiamo dare i comandi direttamente all'interprete Python, i comandi che eseguiamo sono:

Import RPi.GPIO **as** gpio

gpio.setmode(gpio.BCM)

gpio.setup(3, gpio.OUT, initial=1)

gpio.output(3, 0)

gpio.output(3, 1)

gpio.cleanup()

Exit ()

Ecco esattamente a cosa serve ogni comando:

Import RPi.GPIO as gpio dice a Python di caricare la libreria RPi.GPIO che serve per gestire i pin e che da qui in poi ci riferiremo alla libreria semplicemente con il nome gpio.

L'istruzione gpio.setmode(gpio.BCM) si occupa d'invocare la funzione setmode della libreria e specifica che nel corso del programma i pin GPIO verranno selezionati con il numero di pinout del microprocessore (modalità BCM) anziché con il numero del pin del pettine (modalità BOARD). Questa scelta dipende dai gusti personali e la differenza sta nel fatto che se scrivete programmi complessi e li caricate su revisioni diverse del Raspberry Pi, col metodo BCM dovete cambiare il numero del pin collegato secondo le specifiche di ogni revisione mentre col metodo BOARD il programma funzionerà indipendentemente dalle connessioni del microprocessore.

La seguente istruzione gpio.setup(3, gpio.OUT, initial=1) configura il pin chiamato GPIO3 come uscita e imposta lo stato della porta a livello logico alto (3.3V). In questo modo il LED rimane spento.

gpio.output(3, 0) si occupa di cambiare lo stato del GPIO3 portandolo a un livello logico basso, che elettricamente corrisponde a 0V. A questo punto, se il circuito è stato fatto correttamente, il LED si accende.

In modo analogo, gpio.output(3, 1) riporta lo stato del GPIO3 ad alto (3.3V). Il LED si spegne. La funzione gpio.output riceve in input come argomenti canale e stato, dove lo stato può essere 1 o 0 ma anche True o False.

La funzione gpio.cleanup() cancella tutte le configurazioni che abbiamo fatto e riporta tutti i GPIO che abbiamo utilizzato ai valori di default mentre exit () chiude l'interprete (al suo posto si può anche usare la combinazione di tasti Ctrl+D).

Adesso proviamo anche il secondo circuito per verificare il funzionamento degli ingressi, i comandi iniziali e finali sono gli stessi ma cambiano nella fase di lettura:

Import RPi.GPIO **as** gpio

gpio.setmode(gpio.BCM)

gpio.setup(4, gpio.IN, pull_up_down=gpio.PUD_DOWN)

gpio.wait_for_edge (4, gpio.RISING)

gpio.cleanup()

Exit ()

In questo caso gpio.setup(4, gpio.IN, pull_up_down=gpio.PUD_DOWN) specifica che il pin GPIO4 deve essere configurato come ingresso e deve essere attivata la sua resistenza di pull-down.

gpio.wait_for_edge (4, gpio.RISING) mette in attesa l'interprete, il quale aspetta che il pin GPIO4 cambi stato logico e passi da basso ad alto (RISING). Questo è il momento giusto per premere il pulsante SW1.

Durante il setup del gpio si può scegliere se usare la resistenza di pull-up, pull-down o nessuna delle due. Per disattivare le resistenze interne si può omettere questa parte di comando, chiudendo la parentesi immediatamente dopo gpio.IN.

gpio.wait_for_edge può essere configurato per aspettare la salita (gpio.RISING), di discesa (gpio.FALLING) o entrambi (gpio.BOTH).

Ti ricordo che se hai dei problemi di lettura e non riesci a passare il comando gpio.wait_for_edge puoi interrompere l'esecuzione dell'interprete con la combinazione di tasti Ctrl+D.

Programma con GPIO

Adesso che abbiamo cominciato a mettere le mani in pasta è ora di passare a qualcosa di più interessante. Cominciamo a scrivere un semplice programma per accendere il LED alla pressione del pulsante SW1.

Prima di tutto ci serve un editor per scrivere il nostro programma e fortunatamente Raspbian ne ha uno incorporato.

Il comando nano (preinstallato su Raspbian) lancia un editor grafico semplice e intuitivo, in questo esempio useremo questo editor ma se siete dei programmatori professionisti probabilmente apprezzerete di più l'editor vim. Anche se è meno intuitivo, è estremamente configurabile e di solito una volta che hai imparato a usarlo, non lo si lascia più.

Digitiamo nel terminale il comando nano e premiamo [INVIO], ci apparirà una schermata vuota con un menu in basso. Il simbolo ^ indica che insieme alla lettera che lo segue deve essere premuto Ctrl. Ad esempio, per uscire (e per salvare) dobbiamo usare la combinazione di tasti Ctrl+X.

Usciamo da nano e creiamo il file che conterrà il nostro programma, che chiameremo in questo esempio, primo.py (dove py è l'estensione di un file Python) quindi eseguiamo:

Touch primo.py

E apriamolo subito con nano:

Nano primo.py

Il programma in Python possiamo pensarlo come la lista dei comandi che poco fa stavamo dando direttamente all'interprete e in effetti troviamo parte dei comandi che abbiamo già usato.

Per scrivere il programma inizieremo caricando delle librerie (che saranno RPi.GPIO e time per la funzione di attesa), configureremo i due GPIO che usiamo nel circuito e faremo partire un ciclo infinito che non fa altro che leggere lo stato dell'ingresso e cambiare l'uscita di conseguenza.

Ecco una prima bozza:

Import time

Inizializzazione GPIO

Importa libreria GPIO

import RPi.GPIO **as** gpio

Numerazione BCM

gpio.setmode(gpio.BCM)

Disattiva messaggi d'avviso

gpio.setwarnings(**False**)

GPIO3 output, default: 1

gpio.setup(3, gpio.OUT, initial=1)

GPIO4 input, abilita pull-down

gpio.setup(4, gpio.IN, pull_up_down=gpio.PUD_DOWN)

print("Pronto!")

Ciclo infinito

while 1:

Se l'ingresso è alto accendi il LED

```python
If gpio.input(4):

gpio.output(3, 0)

# Altrimenti spegnilo

else:

gpio.output(3, 1)

# Aspetta 50ms

time.sleep(0.05)
```

La primissima riga è un commento speciale e serve a lanciare lo script da terminale, si tratta di un modo per spiegare al terminale che lo script deve essere interpretato con il programma che si trova in /usr/bin/python, che è poi il solito interprete.

Nella fase d'inizializzazione dei GPIO è apparso un nuovo comando: gpio.setwarnings. È possibile avere più script in funzione contemporaneamente e se Python rileva che un pin che stiamo per configurare non si trova nello stato di default (input) ci avverte che potrebbe esserci un conflitto tra programmi. Disattiviamo gli avvisi mettendo tra parentesi False oppure possiamo attivarli scrivendo True.

Il comando print scrive a terminale il contenuto delle parentesi e in questo caso ha la sola funzione di darci un riscontro su quando il programma ha terminato la fase d'inizializzazione.

Il while segna l'inizio di un ciclo che termina quando la sua condizione diventa falsa, in questo caso il ciclo che vogliamo è infinito e quindi la condizione 1 (che viene interpretata come 1=1) ed è sempre vera.

Dentro al ciclo while è piazzato un blocco if...else che testa l'ingresso GPIO4, se l'ingresso risulta vero (alto), quindi il pulsante risulta premuto, viene spenta l'uscita GPIO3, accendendo il LED. In caso contrario, l'uscita viene portata a livello alto, spegnendo il LED.

Alla fine del programma ho aggiunto la funzione di time sleep che blocca l'esecuzione dello script per 50ms, per permettere alla CPU di occuparsi di altri processi.

Da notare che la sintassi di Python è estremamente semplice infatti non ci sono punti e virgola, non ci sono comandi per chiudere il ciclo while o il blocco if. In questo linguaggio l'inizio e la fine dei comandi sono determinati dall'indentazione infatti se la funzione time.sleep fosse stata scritta nella stessa colonna del while, Python avrebbe interpretato quell'istruzione come fuori dal ciclo.

Una volta finito di scrivere lo script, premiamo i tasti Ctrl+X e successivamente Y per confermare il salvataggio delle modifiche. Ci verrà chiesta conferma anche per il nome del file, premiamo [INVIO] e si uscirà dall'editor, ritornando al terminale.

A questo punto non ci rimane che rendere lo script eseguibile con il comando:

Chmod u+x primo.py

E lanciarlo con:

Sudo python primo.py

Oppure con:

sudo./primo.py

Quando siamo soddisfatti della prova possiamo premere Ctrl+C per interrompere l'esecuzione dello script.

In quest'altro esempio, invece, facciamo lampeggiare un LED ogni mezzo secondo quando viene premuto il tasto e fermiamo questa operazione quando viene ripremuto il tasto. Questo script usa gli interrupt e un controllo anti-rimbalzo per il pulsante.

```python
#! /usr/bin/python

# Importa libreria per la gestione dei timer

import time

# Inizializzazione GPIO

# Importa libreria GPIO

import RPi.GPIO as gpio

# Numerazione BCM

gpio.setmode(gpio.BCM)

# Disattiva messaggi d'avviso

gpio.setwarnings(False)

# GPIO3 output, default: 1
```

```python
gpio.setup(3, gpio.OUT, initial=1)
# GPIO4 input, abilita pull-down
gpio.setup(4, gpio.IN, pull_up_down=gpio.PUD_DOWN)
# Definizione variabili
# Memoria lampeggio attivo
lampeggio = False
# Funzioni
def cambia_stato(pin):
# Importa la variabile globale lampeggio
global lampeggio
# Se il lampeggio è attivo
if lampeggio:
# disattiva lampeggio
lampeggio = False
# spegni il LED
gpio.output(3, 1)
else:
# attiva lampeggio
lampeggio = True
```

```python
# accendi il LED
gpio.output(3, 0)
# Interrupt
# inseriamo un evento che causerà la chiamata della funzione
"cambia_stato"
# ogni volta che viene rilevato un fronte di salita sul pin 4
gpio.add_event_detect           (4,           gpio.RISING,
callback=cambia_stato, bouncetime=200)
print("Pronto!")
# Ciclo infinito
while 1:
# Se il lampeggio è attivo
if lampeggio:
# Se il LED è spento
If gpio.input(3):
# accendi il LED
gpio.output(3, 0)
else
# spegni il LED
```

gpio.output(3, 1)

Aspetta 0.5s

time.sleep(0.5)

Questo script non è così complicato come sembra: dopo le solite operazioni d'inizializzazione viene dichiarata la variabile lampeggio che tiene in memoria se abbiamo attivato o disattivato il lampeggio, all'inizio il suo valore è impostato a False.

Dopo la variabile troviamo la funzione cambia_stato e questa parte di codice viene chiamata ogni volta che il pulsante viene premuto, invertendo lo stato della variabile lampeggio oltre a spegnere o accendere il LED a seconda delle condizioni.

La dichiarazione global lampeggio è necessaria per permettere alla funzione di modificare il valore della variabile lampeggio, che altrimenti sarebbe utilizzabile in sola lettura. Qualche riga più in basso troviamo la dichiarazione dell'interrupt. Un interrupt permette d'interrompere il programma principale (la parte dentro il while) ed eseguire dell'altro codice (la funzione cambia_stato) per poi riprendere il programma principale da dove era stato interrotto.

L'istruzione add_event_detect ha come argomenti il GPIO su cui effettuare il test (in questo caso GPIO4), la condizione di rilevamento (gpio.RISING ossia la salita), la funzione da chiamare (cambia_stato) e il bouncetime (opzionale).

Il bouncetime si usa quando si lavora con i pulsanti meccanici ed è un piccolo timer (in questo caso di 200ms) che sopprime il rimbalzo del tasto per evitare letture di più fronti di salita durante una singola pressione del pulsante.

Dopo la dichiarazione dell'interrupt abbiamo la sezione principale che controlla la variabile lampeggio. Se il valore della variabile è vero (quindi lampeggio attivato) si controlla lo stato dell'uscita del LED e la si inverte. Se il valore di questa variabile è falso, il LED viene lasciato spento (viene spento la prima volta durante la funzione cambia_stato). Prima di ricominciare il ciclo, il programma viene sospeso mezzo secondo per consentirci di vedere il LED lampeggiare.

Questi programmi non hanno in fondo la funzione gpio.cleanup() perché è previsto che vengano interrotti da tastiera. Se scrivete un programma che invece prevede una fine, è sempre bene inserire questo comando.

Conclusioni

L'idea alla base del progetto Raspberry Pi (RPi) era lo sviluppo di una piattaforma informatica piccola ed economica che potesse essere utilizzata per stimolare l'interesse dei bambini per l'istruzione di base sulle tecnologie dell'informazione e della comunicazione. La rapida evoluzione dei dispositivi a basso costo di sistema su un chip (SoC) per applicazioni mobile ha reso possibile distribuire ampiamente la conveniente piattaforma RPi all'inizio del 2012.

Abbiamo esplorato la configurazione di questo dispositivo, un po' di Linux, un po' di Python e buttato le basi per lavorare con i pin GPIO. Spero di aver soddisfatto le necessità dei neofiti e di aver solleticato la curiosità di chi scopre per la prima volta questo dispositivo potente e versatile.

Ci sono tantissime altre cose che avrei voluto inserire, tante funzioni utili con altrettanti programmi ma questo Ebook sarebbe diventato molto più complesso. Spero di aver stuzzicato la tua fantasia in modo che tu possa mettere in pratica degli esempi e vedere come sfruttare al meglio le capacità di questo piccolo computer.

Il fine ultimo di questo Ebook e che spero sia stato compreso è che il Raspberry Pi ha delle potenzialità incredibili, è davvero facile da usare e sono disponibili migliaia di progetti su internet da cui prendere spunto e da migliorare grazie alla tua fantasia e creatività.

Ho fatto del mio meglio per documentare tutto ciò che ho scritto, in special modo il codice. Non è necessario introdurre commenti come i miei nei tuoi programmi, cerca di creare funzioni o scrivere codice il più semplice possibile. Se il tuo codice ha bisogno di molti commenti, probabilmente è troppo complesso quindi riorganizzalo, semplificandolo.

Continua a usare il tuo Raspberry Pi e soprattutto non fermare la tua curiosità, la tua creatività e non smettere di programmare!

Don't miss out!

Visit the website below and you can sign up to receive emails whenever Oscar R. Frost publishes a new book. There's no charge and no obligation.

https://books2read.com/r/B-A-VXBZ-AZBLC

BOOKS 2 READ

Connecting independent readers to independent writers.

Also by Oscar R. Frost

Raspberry Pi: Scopri Tutti i Segreti per lo Sviluppo e Programmazione del Micro Computer per Maker e Hobbisti. Contiene Esempi di Codice ed Esercizi Pratici

www.ingramcontent.com/pod-product-compliance
Lightning Source LLC
Chambersburg PA
CBHW071953120726

48001CB00005B/2158